Dirceu Antonio Scali Junior

Retratos de Subjetivação
*Nuanças na migração
campo-cidade pequena/metrópole*

© 2002 Casa do Psicólogo Livraria e Editora Ltda.
É proibida a reprodução total ou parcial desta publicação, para qualquer finalidade, sem autorização por escrito dos editores.

1ª Edição
2002

Produção Gráfica
Renata Vieira Nunes

Projeto gráfico e diagramação
Adriana Consani

Capa
Ângela Maria Mendes sobre fotografia de Vinicio Frezza

Revisão
Sandra Regina de Souza

Dados Internacionais de Catalogação na Publicação (CIP)
(Câmara Brasileira do Livro, SP, Brasil)

Scali Junior, Dirceu A.
  Retratos de sujetivação : nuanças na migração campo-cidade pequena/metrópole / Dirceu A. Scali Junior. — São Paulo : Casa do Psicólogo, 2002.

  Bibliografia.
  ISBN 85-7396-182-1

  1. Migração rural-urbano — Aspectos psicológicos 2. Subjetividade I. Título.

02-3493   CDD-153

Índices para catálogo sistemático:
1. Subjetividade : Processos mentais : Psicologia   153

Impresso no Brasil
Printed in Brazil

Reservado todos os direitos de publicação em língua portuguesa à

Casa do Psicólogo® Livraria e Editora Ltda.
Rua Mourato Coelho, 1.059 – Vila Madalena – CEP 05417-011 – São Paulo/SP
Tel.: (11) 3034.3600 – E-mail: casadopsicologo@casadopsicologo.com.br
http://www.casadopsicologo.com.br

A todos os migrantes e imigrantes. Enfim, a todos aqueles que, de uma forma ou de outra, se sentem estrangeiros, independente das fronteiras.

Aos meus pais e aos meus filhos Marília e André.

Agradecimentos

Agradeço a todos os que de uma forma ou de outra colaboraram para que este livro se tornasse realidade.

Citar sempre é omitir. Portanto, para evitar omissões, o meu agradecimento vai para todos no geral e nesse todos a cada um em particular. Obrigado.

Apresentação

Um retrato, mais que a imagem fiel de uma realidade, pessoa, coisa etc., traduz a intenção de um olhar. Um olhar não ingênuo, inocente, mas marcado por uma série de experiências, vivências, que interferem e ajudam a compor o retrato. Portanto, um retrato que é a representação aproximada de um fato e também sua construção. Um retrato no plural, aberto aos diversos olhares que, por sua vez, ajudarão a compô-lo, investindo-o da memória de lembranças, afetos, cheiros, carne, que faz a história de cada um, e de todos. Como a de Dirceu.

O retrato com o qual nos deparamos neste trabalho é ao modo de um espelho, em que vemos refletida uma imagem que é a nossa sim, mas plural, atravessada por uma infinidade de outras imagens que muitas vezes nos passam desapercebidas, que nos passariam desapercebidas não fosse o olhar de Dirceu a reconduzir nosso olhar para o que ele vê.

O trabalho de Dirceu, portanto, é caro pela oportunidade que nos dá de pensar algumas questões que poderiam nos passar batidas.

Trata-se de um trabalho no qual seu autor está implicado — este é o lugar do qual ele fala — e vai nos implicando à medida que traça seu "retrato de subjetivação".

De maneira sensível, poética e clara, somos introduzidos no universo de Hélio, um "personagem/tipo" criado por Dirceu para que, acompanhando seus passos, possamos pensar no impacto que a mudança campo-cidade pequena/metrópole implica para o sujeito, não apenas no seu aspecto exterior, mas "interior", refletindo no seu próprio modo de organização, numa outra "temporalidade", na sua própria constituição como sujeito.

Hélio encarna, assim, uma multiplicidade de Hélio, rompendo as fronteiras de um caso particular.

Por meio de capítulos bem articulados, internamente e em relação aos demais, somos convidados a dialogar com esse personagem-tipo e com todas as questões que ele encarna, bem como com alguns autores que, de algum modo, apontaram para questões presentes na constituição da subjetividade de sujeitos que deixaram a cidade pequena-campo rumo à metrópole.

Esse diálogo cria um território em que o leitor pode caminhar e partilhar da paisagem que o autor constrói, podendo, portanto, participar também do diálogo, deixando suas marcas nesse "pergaminho", de lugares e modos distintos, abrindo a possibilidade de infinitas leituras, como aponta o próprio texto.

Um texto repleto de questionamentos, que abre um amplo leque para o debate teórico, sem perder em nenhum momento o tom poético. Há neste texto, na sua escrita e na sua organização-construção, este tom poético, esta ficcionalização, que ao mesmo tempo em que permite o distancimento da cena-situação, para narrá-la, aproxima, dando veracidade à história, ao personagem, e legitimidade à questão teórica.

Há, por fim, a legitimidade desse modo de constituição de uma subjetividade, de um sujeito, que pode ser nós mesmos.

Dany Al-Behy Kanaan

Amigo! lá um sentimento havia
Que na cidade apenas se encontrava;
Quantas vezes, em ruas apinhadas,
Em meio à multidão, disse a mim mesmo:
"Mas cada rosto que passa por mim
Encerra algum mistério insondável!".
Muita vez fiquei a olhar, oprimido
Por pensamentos sobre o que e onde,
Quando e como, até que as formas visíveis
Tornavam-se visões, como as que fluem
Sobre montes imóveis, ou nos sonhos.
E todo o lastro do cotidiano,
Presente e passado, esperança e medo,
Tudo que rege o ato, o pensamento,
A fala, para mim tornou-se incógnito.

Wordsworth, The Prelude

Sumário

Introdução – Uma história emenda uma outra...... 17

Capítulo 1 – O que Hélio não sabia 25

A cidade como espaço de
subjetivação 30

Capítulo 2 – Palimpsesto 43

Capítulo 3 – Hélio visto por Simmel,
Drummond *et alii* 53

Acerca do ritmo e da
subjetividade 59

Conclusão – Scheherazada dá o mote 73

Bibliografia Consultada 79

Introdução

Uma história emenda uma outra ...

O presente trabalho adveio da necessidade de se pensar o migrante que sai de uma cidade pequena, ou campo, e vai para uma metrópole.

Para tanto, mais que realizar um estudo de campo, que já existe em demasia, foi estabelecida uma leitura seletiva, uma espécie de recorte que proporcionasse um quadro, ou "construísse" um retrato de um tipo. Daí o título desse texto ser *Retratos de subjetivação...*, já que, de certa maneira, o que se faz é proceder a uma leitura em que cada tema se apresente como um retrato no processo de subjetivação da personagem/tipo.

Como "método" para o desenvolvimento deste trabalho, a opção foi por uma leitura a partir do *modus operandi* empreendido por Walter Benjamin no texto "O narrador" em que, no dizer deste:

> Uma história emenda uma outra, como os grandes narradores, sobretudo os orientais, tinham gosto em mostrar. Em cada um deles vive uma Scheherazade, a quem, em qualquer ponto de suas histórias, ocorre uma nova. (Benjamin, 1983: 67)

De certa maneira, esse é o procedimento adotado no desenrolar dos capítulos, ou seja, a escolha mais aleatória que sistemática, porém mantendo-se certa coerência e unidade na construção do todo do texto.

Ora, como, para se conseguir um pequeno vidro de essência, são necessárias algumas toneladas de matéria-prima, procuro neste trabalho, para que o texto tenha certa fluidez, disseminar a teoria numa escrita um pouco mais ficcional, alternando, de certa maneira, entre o dissertar e o narrar.

Já que as possibilidades de abordagem são enormes, procuro apontar para questões que me parecem fundantes para a constituição de uma subjetividade de alguém que saiu de uma cidade pequena, ou campo, e foi para uma metrópole.

Assim, começo por uma caracterização dessa personagem/tipo descrevendo um pouco de sua história e o desenrolar de um processo que acaba em uma certa desestruturação psíquica, o que o leva a um retorno à cidade pequena da qual saíra aos nove anos.

Como falamos da fragmentação do sujeito como uma característica da modernidade (no sentido bermaniano, desenvolvido mais adiante), a própria personagem/tipo será mostrada não em um tipo de anamnese inicial, mas sua história será também fragmentada e apresentada no decorrer do texto de acordo com o desenvolvimento da(s) teoria(s) apresentada(s) para se explicar o processo de subjetivação-migração.

Em "O que Hélio não sabia", primeiro capítulo, para melhor desenvolver a temática nesse estilo mais "ficcional", busco dar umas pinceladas iniciais na caracterização deste personagem (ou tipo) e situá-lo, então, histórica, antropológica e sociologicamente.

Para tanto valho-me do aporte de autores como L. Munford, M. Augé, Canevacci, Le Goff, A Rossi..., no entanto, em vez de citá-los textualmente, procuro criar (utilizando como subsídio as leituras desses teóricos) uma espécie de cenário, ou cenários, em que se desenvolveria esse tipo que, no caso, é "encarnado" por um personagem: Hélio.

Desse modo, procuro apresentar, por exemplo, a cidade como uma espécie de suporte em que um tipo de subjetividade como a de Hélio se desenvolveria,

Retratos de subjetivação

percebendo, assim, traços desse personagem que poderiam ser comuns ou semelhantes no desenrolar de vários períodos na história das cidades.

A partir de então, tento pensar alguns temas de modo que se configure não só o personagem, mas também sua problemática; dessa maneira, procedo como se estivesse fotografando tal personagem sob determinados, e nesse caso obviamente arbitrários, pontos de vista.

No segundo capítulo, que leva o nome de "Palimpsesto", fotografo-o sob a égide das sobreposições de realidades, e nesse caso autores como Marshal Berman, Eunice Durand, Georg Simmel, Freud, Stuart Hall, por exemplo, dão subsídios para se mostrar essas sobreposições, essas reescrituras que se mesclam ou se rearranjam de maneira que, assim, Hélio tenha de lidar, como resultado, com uma terceira escritura, em que alguns traços se somam, outros se sobrepõem, outros ainda se cruzam ou se entrecortam.

Esses traços vão desde uma arquitetura flutuante em que o que era referencial concreto constantemente dá lugar a outras e novas (estranhas) construções, até a sobreposição de tipos de vida, por exemplo, a que se levava na cidade pequena em relação à na metrópole.

Já no terceiro capítulo, "Hélio visto por Simmel *et alii*", procuro, como numa nova fotografia, apontar para a noção de ritmo que se estabelece nessa mudança e para tanto valho-me das leituras de autores como Georg Simmel, Carlos Drummond de Andrade, Suzane Langer, Raduan Nassar, entre outros. Pois bem, como há a mudança espacial também ocorre a temporal, e, nessa, atento para o ritmo, que me parece também fundamental.

Parto, então, de um poema de Drummond, que se afigura como uma excelente noção de como se dá o ritmo numa cidadezinha do interior. Para tanto, "passeio" pela construção do poema já que sua constituição nos aponta para o ritmo, ou seja, o que nos é dito no poema faz parte de sua própria estrutura, assim como a temporalidade em Hélio, que se dá nessa dialética entre os fenômenos externos e suas representações internas.

Assim, Simmel esclarece, em contrapartida, acerca das determinações externas e internas do homem metropolitano. Nesse sentido, valho-me das elaborações desse autor para pensar a temporalidade drummondiana, ou seja, penso a "Cidadezinha" em relação à metrópole e as decorrências dessas temporalidades vividas por Hélio.

Na "Conclusão", por fim, procuro estabelecer as conexões que esses temas (ou melhor, retratos), apresentados nos capítulos anteriores — historicidade, evolução das cidades, sobreposição das representa-

Retratos de subjetivação

ções da realidade, temporalidade, ritmo — estabelecem na constituição de uma subjetividade como a de nosso personagem/tipo: Hélio.

Poderemos depreender da leitura desses capítulos que esses são alguns retratos possíveis e que, evidentemente, se poderia elencar uma infinidade de temas (retratos) que, de certa maneira, concorreriam para a apreensão ou o entendimento não apenas dessa subjetividade (personagem: Hélio), mas que esses temas ou outros poderiam ser extensivos ou participantes também da constituição subjetiva de qualquer outro "personagem/sujeito" que contivesse elementos referentes a esse tipo. Tipo, nesse texto, deve ser entendido no sentido de um personagem que guarda em si características comuns a vários outros personagens em um determinado contexto.

Capítulo 1

O que Hélio não sabia

Em um pequeno sítio, no interior, vive com a mãe após um surto psicótico, pouco depois de sua casa ter sido vendida ao Estado para a construção de um terminal de ônibus.

Distúrbios psíquicos, palavras de difícil entendimento para a mãe que tinha de cuidar agora de seu próprio filho-outro, sem saber ao certo muito do que vinha ocorrendo. A venda da casa em que Hélio nascera não era a causa de seu estado, segundo os médicos, mas um possível detonador, que, quem sabe, roubara alguns ou muitos anos, se não uma vida, de convivência com seu filho.

Teria ficado assim não tivesse vendido a casa? Não tivesse acionado esse detonador? Afinal, teve chance de não vendê-la? Com o passar dos anos essas e outras perguntas foram deixando de ser feitas, o dia-a-dia encarregava-se de proporcionar o esquecimento necessário ao prosseguimento da vida. O que, entre outras coisas, Hélio não sabia, e que é objeto de estudo de sociólogos, antropólogos, filósofos, arquitetos, psicólogos etc. — na medida em que produz mudanças de comportamentos e formas de se estar no mundo — era que aquele terminal de ônibus estava sendo construído para levar e trazer os trabalhadores das zonas mais pobres e afastadas (a metrópole sempre cobra seu preço) para os centros industriais, os locais de produção de bens de consumo aos quais Hélio não tivera tanto acesso, já que vivia uma vida simples em que esses bens não passavam de imagens de desejo na televisão, e cujo olhar bordejava o contorno da falta dos bens excessivos que se imprimiam não apenas em sua retina, mas também em seu querer-frustração que os objetos lhe causavam.

Hélio teve, assim, de aprender a lidar com símbolos (na acepção de palavra ou imagem que designa outro objeto ou qualidade por ter com estes uma relação de semelhança; alegoria, comparação, metáfora — Houaiss, 2001: 2573) proponentes de uma realidade, tendo, em contrapartida, de viver em uma outra, concreta e sem encanto, que não corresponde àquela.

Esse paradoxo — característico de uma sociedade que privilegia as representações no lugar do representado, ou melhor, os símbolos no lugar da coisa a qual simbolizam — quando internalizado e levado ao paroxismo da superexposição, que os meios de comunicação se encarregam de proporcionar, produz conseqüências nefastas a qualquer psiquismo que esteja procurando formas de auto-organização e autorepresentação da exterioridade.

Essa economia simbólica se encontra, também, a serviço de um poder instituído que sabe muito bem dela se valer para obtenção de seus propósitos político-econômico-sócio-ideológicos.

Ora, a ideologia serve aqui de suporte, de base a toda uma simbologia, de uma classe, que aponta para verdades incontestes e imutáveis; portanto, o que Hélio poderia fazer a não ser aceitar as coisas como são, "a natureza é sábia", e já que ela é sábia, como não aceitar seus desígnios?

Porém, o que se mascara de natural não é nada mais que cultural e ideológico, a ideologia de alguns. Um exemplo desse mecanismo é a linguagem: "falo o que quero", "digo o que quero", mas para falar tenho necessariamente de utilizar determinadas palavras, mas apenas isso não basta, elas têm de ser organizadas de determinadas maneiras, e proferidas num determinado tempo e para um determinado público, e essas

Retratos de subjetivação

palavras representam determinadas coisas num mundo em que elas são elaboradas, produzidas, pensadas por quem detém o poder sobre essas coisas, portanto, nem sempre falo ou digo o que quero, mas o que historicamente sou coagido a fazer, e a história tem sido parcial, ou seja, privilegia uma determinada classe. Veremos, mais adiante — em Palimpsesto —, que a cidade também é uma forma de escrita/linguagem, obviamente com todas as implicações referidas.

A cidade como espaço de subjetivação

Pensar a cidade é fundamental para se entender o processo de subjetivação de Hélio, já que sua mudança na infância não se deu apenas de um lugar para outro, mas de uma cidade para outra, mais especificamente de uma cidade pequena para uma metrópole.

Dessa forma, faz sentido acompanhar o desenvolvimento da cidade no tempo e procurar imaginar que um processo de subjetivação, quando pensado historicamente, está intrinsecamente relacionado com as estruturas desenvolvidas nas diferentes concepções de cidade.

Isso não significa, evidentemente, que o ser humano não guarde em seu interior sentimentos, emoções e até mesmo maneiras de se pensar, comuns nos vários períodos da história. Daí poder-se, por exemplo, supor semelhanças, equivalências entre o *status* atual de Hélio numa cidade moderna e como poderia ter sido em outras quaisquer nas sociedades anteriores.

Hélio vive numa cidade moderna (no sentido bermaniano de moderno, apontado mais adiante), nasceu numa cidade pequena, inserida num momento histórico que, de certa maneira, determina uma estruturação interna, mesmo levando-se em conta as possibilidades de flexibilidade dentro desse espaço "datado".

O hospital em que nascera tinha uma determinada tecnologia, inexistente ainda em cidades medievais ou antigas, o que lhe dava maiores possibilidades de sobrevivência graças aos recursos então disponíveis.

Cresceu num ambiente em que havia luz elétrica, água encanada, esgotos; enfim, usufruía, na medida de suas possibilidades, de uma certa quantidade e qualidade de objetos e recursos que apenas o seu tempo com a tecnologia até então desenvolvida poderia lhe proporcionar.

Suas experiências visuais, táteis, gustativas, olfativas e sonoras eram decorrentes da época e do tipo de cidade concernente a essa época na qual se inseria e de um ambiente moldado pelo estágio de desenvolvimento histórico em que se encontrava.

Pois bem, a cidade moderna tem como uma de suas características básicas a separação dos espaços em lugares específicos e de acordo com uma espécie de lógica do poder instituído. Os locais nos quais se mora não mais coincidem com os nos quais se trabalha ou os utilizados para o lazer ou mesmo os centros de poder político-econômico. Nessa divisão, os centros residenciais não são os mesmos para as diversas camadas sociais, as quais são conseqüência da fragmentação ocasionada pela acumulação dos bens de produção e poder econômico e político nas mãos de uma classe detentora desses privilégios.

Ou seja, nesse tipo de cidade os espaços eram subdivididos em, de um lado, bairros residenciais com uma excelente infra-estrutura sanitária, de transporte etc., e, de outro, bairros destituídos de quaisquer condições mínimas para a habitação — lugares por vezes semelhantes às aldeias mais rústicas e primitivas.

Como a urbanização transcorre de acordo com os interesses capitalistas, cujo poder se centraliza — por meio da tecnologia, como forma de regulação — num Estado forte, os pais de Hélio tiveram, junto com várias outras famílias, de vender suas casas, a preços estipulados pelo Estado, para uma construção a qual beneficiaria apenas a alguns, supervalorizando determinadas áreas e reorganizando os espaços de acordo com uma lógica do lucro.

Lógica essa que não computou ou equacionou o quanto de investimento, não apenas financeiro, mas histórico, emocional, havia ali naquelas construções.

Ora, as casas derrubadas para a edificação do terminal de ônibus — apagando da história da cidade aquelas construções precárias e num mesmo movimento a memória de seus antigos moradores, que perderam assim um referencial concreto, ou seja, o cenário no qual se desenrolaram suas histórias individuais — foram geradas pela própria estrutura capitalista que agora as punha abaixo.

De certa maneira, tenta-se suprimir os espaços populares com projetos de "reurbanização" os quais não fazem mais do que empurrar os desfavorecidos para áreas mais afastadas, subúrbios, favelas, segregados da cidade, apêndices a serem utilizados como continente de um lúmpen para, por exemplo, a regulação de salários.

É provável, também, que Hélio tenha sido vítima da divisão histórica entre a rua e a casa burguesas, ou seja, entre o público e o privado, em que o primeiro permaneceu como o espaço de circulação de bens, de mercadorias, e o segundo como o espaço de proteção à família — uma das células básicas da estrutura burguesa, na qual as normas e regras morais são exemplo de padronização e modelo social a ser seguido como forma de manutenção desse *status*.

A rua passou, então, a ser não apenas local de circulação de mercadorias, mas também ela se tornou mercadoria, daí a modesta casa de Hélio, que fora comprada à custa da venda da força de trabalho de várias gerações, poder ser comprada, por um valor aquém do esperado, pelo poder público que já vinha tornando-a cara, com seus impostos, à família que não teve melhor escolha.

Nesses casos, uma possível liberdade de escolha ficaria submetida à prevalência que o capital confere a determinados grupos que detêm não apenas o poder econômico, mas também o político.

Assim, o Estado que deveria ser, de certa maneira, o gerenciador desse espaço público para o bem público — dos cidadãos, não na acepção grega antiga (em que a noção de cidadão era excludente, por exemplo, as mulheres, os escravos não faziam parte dessa categoria) — acaba por se tornar mais um instrumento de poder nas mãos desses poucos grupos, que se valem dele como uma forma de cercear a liberdade de escolha da maioria que acredita numa certa inevitabilidade das coisas, as quais adquirem uma aparência de naturais.

Por exemplo, era inconcebível aos pais de Hélio questionar o porquê de tal construção exatamente ali onde moravam, pois, se a Lei determina, o que poderiam eles fazer para mudar a situação? Aí novamente entramos na questão da ideologia anteriormente referida.

Talvez esse estado de coisas tenha tido um início ou faça parte de um momento anterior na história em que surgiram as cidades-Estado, as quais tinham como seu poder supremo as monarquias absolutistas, que se constituíram por conta da necessidade de se proteger os interesses de uma classe mercantil e dar proteção à nobreza.

Para que se garantisse esse poder, a conseqüência mais imediata foi sua centralização numa cidade-capital que controlava vários estados, concorrendo assim para o fortalecimento e a unificação do Estado.

Pois bem, o trabalho — que no período anterior era unificado — sofreu uma extensa fragmentação e especialização.

Uma das principais características nessa especialização foi a perda da visão geral do processo de produção por parte do trabalhador.

Essa fragmentação do trabalho acarreta, de certa maneira, um estilhaçamento do indivíduo que, ao se alienar do todo na especificidade da parte, acaba por transcender essa forma de ponto de vista para as outras áreas de sua vida que não apenas o trabalho.

Assim, as relações afetivas, amorosas, familiares também entram no remoinho disso que acaba por se transformar numa concepção de mundo.

As ruas ganham um planejamento e os espaços uma simetria, tornando mais fáceis a apropriação e o controle pelo poder público. Nesse âmbito, as cidades-capital se distinguem da vila medieval, por exemplo, por transformações profundas em sua constituição, tais como a estratificação social — de um lado os detentores dos meios de produção e de outro os que vendem sua força de trabalho —, a mercantilização do espaço — a terra comunal transforma-se em mercadoria — e a instauração de um poder centralizado.

A casa de nosso personagem guardava, em sua estrutura, algumas semelhanças com a "casa" medieval. Na parte de baixo funcionava uma pequena loja de conveniências à maneira das oficinas dos artesãos medievais, nas quais a casa era ao mesmo tempo moradia dos aprendizes, lugar de trabalho, de comércio, de vida social.

Enfim, constituía-se num todo que se revestia de extrema importância porque àquela altura era a maneira possível pela qual Hélio conseguira, no decorrer de sua adaptação à metrópole, como veremos, organizar sua representação naquele novo mundo.

As ruas, na cidade medieval, não eram sistematizadas, surgiam de acordo com a apropriação de um espaço comunal, e os burgos acabavam por adquirir um formato labiríntico.

Essas cidades surgiam nos locais mais propícios à defesa e às condições naturais mais próprias ao comércio, como rios, cruzamentos de "estradas".

Em geral, tais cidades se adaptavam à natureza ao redor. As muralhas circundavam-na e guardavam em seu interior um centro autônomo de poder, que poderia ser o "castelo" ou a "catedral".

O trabalho era realizado pelos servos e, além desses, pelos mestres de ofício, os quais tinham um *status* superior nessa hierarquia, pelas corporações e já num período de crise foi fragmentado e especializado para assim suprir a necessidade de um mercado emergente.

O período medieval, assim, tem um percurso que vai desde os pequenos feudos autônomos e auto-suficientes até o momento em que as muralhas são derrubadas e o mercantilismo acaba por minar as bases do sistema feudal, desembocando nas cidades-estado às quais nos referimos.

Retratos de subjetivação

Se a família de Hélio morasse em Roma ou na Grécia antiga, dependendo de seu *status* social, talvez pudesse "falar" — no Fórum ou na Ágora, espaços públicos nos quais se discutiam as questões da Civitas ou da Pólis — sobre os problemas que a afligiam.

Nesses centros de discussão era onde se decidia coletivamente o destino a se tomar em relação às coisas da cidade. Ou seja, havia uma democratização nas decisões. Porém, ainda aqui, o número de cidadãos era muito pequeno em relação ao de habitantes — como foi dito, os escravos e as mulheres, por exemplo, não eram considerados cidadãos —, e essa democratização concernia, apenas, a eles.

Ora, falar é uma das maneiras de se constituir na realidade — como aponta a lingüística —, de se tornar ou mesmo ser ou se fazer existente. Esse falar, que foi se apagando diante de uma resignação diária, distanciou Hélio e sua família, bem como as outras pessoas daquele local, da possibilidade de se ser cidadão e, portanto, de participar de uma pretensa democratização das decisões; então, já que não têm fala, fala-se por eles.

Se voltarmos mais ainda às primeiras reuniões de pessoas em torno e na constituição dos templos e cemitérios, que foram os primeiros embriões da posterior transposição da condição nômade à sedentária, juntamente é claro com a passagem da coleta à agricultura, cuja produção do excedente suscitou a necessidade de armazenamento desses produtos, talvez possamos imaginar outros tipos de detonadores no problema de Hélio ou, quem sabe, a ausência desses.

No sítio em que atualmente vive, Hélio passa a maior parte do tempo a construir casas de barro sem muita ordenação à maneira dos primitivos.

Hélio, na realidade, não foi para o interior, mas retornou, já que viera de lá quando contava por volta dos nove anos.

Esse fato teve papel fundamental para sua constituição psíquica já que saíra de um local extremamente pequeno, o qual lhe proporcionava a segurança de uma certa sensação de pertencimento, de que estava de tal forma inserido na "paisagem", numa espécie de homeostase com o meio, o que lhe aparecia como unidade, ou seja, não se diferenciava.

O brincar era na natureza e fazia parte desse todo orgânico das relações que se estabeleciam tanto com o outro quanto com essa mesma natureza. O sol, com seu andar vagaroso e contínuo, ditava o ritmo da longa passagem dos dias.

No campo ou nas cidades do interior, o tempo, ou melhor, a vida, se dá em ciclos, a época das chuvas, a da seca; o plantar e o colher em relação à esta-

Retratos de subjetivação

ção do ano e às fases da lua; o acordar e o dormir — horários bem determinados —, a sobreposição dos afazeres aos vários momentos da natureza etc. Enfim, quase que há uma sobreposição do tempo externo com o interno, numa vazão da vida na natureza e dessa naquela. Até que...

Aos nove anos a mudança; nessa idade torna-se migrante e:

> O migrante não vive mais em um universo fechado; as atividades se dissociam; rompe-se a teia de significados inter-relacionados que abrangia a quase totalidade dos modos de vida. Permanecem apenas a família e os parentes como grupos de relações pessoais que orientam a participação no novo universo sociocultural e dentro dos quais se elaboram as novas representações". (Durhan, 1978: 14)

A metrópole aconteceu-lhe entre o espanto e o fascínio. O que fazer senão se deixar perder por entre suas ruas, à Walter Benjamin, e nesses caminhos tentar organizar um espaço — mínimo que fosse no início, já que a idade não permitia passos mais largos — no qual pudesse se locomover com certa segurança.

O migrante não vive mais num universo fechado, agora tem de aprender a circular pelas aberturas desse novo universo, dar conta das realidades cambiantes que se sucedem ininterruptamente e o lançam num remoinho de significâncias imprecisas e fugidias. Não trocou simplesmente uma realidade por várias, mas por realidades fluidas que o deixam em suspenso, de sobreaviso e tendo de digeri-las para nelas mais se mover que decifrar.

Se a família permanece como o lugar em que as novas representações socioculturais se elaboram, não deixa também de ser aquele em que as individualidades mais se fecham para dar conta dessa realidade excessiva, rompendo assim uma certa organicidade inicial, ou seja, o dar conta de si, das relações com o(s) meio(s) e com o outro, turvam essa elaboração das novas representações, que acabam se dando de forma enviesada.

Tanto para o indivíduo quanto para a família foi quebrada a homeostase, que desde então se torna nostalgia. Enfim, a teia de significados inter-relacionados que abrangia a quase totalidade dos modos de vida não apenas se rompe, mas deve ser (re)construída sobre bases não tão firmes, mas sobre instâncias móveis de significações virtuais.

Capítulo 2

Palimpsesto

O *Novo Dicionário Aurélio da Língua Portuguesa* (1975: 1021) nos dá as seguintes acepções ao vocábulo:

> *Palimpsesto*: *s.m.* **1.** Antigo material de escrita, principalmente o pergaminho, usado, em razão de sua escassez ou alto preço, duas ou três vezes [*duplo palimpsesto*], mediante raspagem do texto anterior. **2.** Manuscrito sob cujo texto se descobre (...) a escrita ou escritas anteriores...

Pois bem, interessa-nos, no momento, principalmente a segunda acepção, na medida em que pode-

Retratos de subjetivação

mos propor aí uma analogia entre essas escritas, sobre o pergaminho, e as escritas das cidades, ou seja, se imaginarmos as cidades como uma forma de composição, de escrita, em que se diz por intermédio das casas, ruas, bairros algo semelhante quando falamos por meio das palavras, frases, discursos, podemos também ver aí o que, de certa forma, acontece quando a casa de Hélio é posta abaixo para que se construa em seu lugar um terminal de ônibus.

A casa de Helio, as dos amigos — algumas já deram lugar a outras construções —, as ruas em que ele brincava, a calçada onde costumava sentar-se com esses amigos, no final do dia, após a escola, para falarem das histórias e descobertas, compõem como que páginas de sua vida, de sua memória.

Pode-se imaginar, nesse sentido, que a memória (e por que não dizer a história de Hélio?) acaba por se constituir da somatória do concreto com as experiências vividas nesse concreto. As festas da turma davam-se quase sempre na casa de Rosana, assim a casa da amiga tornara-se referência concreta, sentimental, amorosa etc.

Ou seja, essa casa, além de espaço físico, concreto, era composta também — pelo menos na memória dos que ali estiveram, dançaram, se apaixonaram, deram o primeiro beijo, sentiram ciúmes, solidão, rejeição, ódio — por um espaço emocional.

Como dissemos, nas metrópoles um determinado referencial concreto numa determinada época e num determinado espaço rapidamente se desfaz e dá lugar a outro. O que ocorre, porém, com alguém que tem um primeiro referencial inscrito em sua história pessoal?

É possível que o tempo o apague, bem como o seu contrário na medida em que parece fundamental para uma organização subjetiva que se faça sempre um resgate da história pessoal como forma de ter um mínimo de coerência interna no caos em que fomos atirados na modernidade que, no dizer de Berman,

> ...é um tipo de experiência vital — experiência de tempo e espaço, de si mesmo e dos outros, das possibilidades e perigos da vida — que é compartilhada por homens e mulheres em todo o mundo, hoje... Ser moderno é encontrar-se em um ambiente que promete aventura, poder, alegria, crescimento, autotransformação e transformação das coisas em redor — mas ao mesmo tempo ameaça destruir tudo o que temos, tudo o que sabemos, tudo o que somos. A experiência ambiental da modernidade anula todas as fronteiras geográficas e raciais, de classe e nacionalidade, de religião e ideologia: nes-

se sentido, pode-se dizer que a modernidade une a espécie humana. Porém, é uma unidade paradoxal, uma unidade de desunidade: ela nos despeja a todos num turbilhão de permanente desintegração e mudança, de luta e contradição, de ambigüidade e angústia. Ser moderno é fazer parte de um universo no qual, como disse Marx, "tudo o que é sólido desmancha no ar". (Berman: 1989)

Quando essa última frase, paradigmática, de Marx "ecoa" sincronicamente nesses séculos de modernização, percebemos o quanto essa representação sem referencial lança o homem moderno numa certa angústia da falta.

A casa de Hélio ou a de Rosana tornaram-se lugares-representação e dessa maneira não se tem conta, no lugar do concreto atual, à maneira do palimpsesto, de quantas lembranças podem ser escavadas, arrancadas à incessante escrita e reescrita de um concreto cujo discurso muda rapidamente, porém sempre de acordo com determinados valores pertinentes à época.

Esse discurso do concreto não é constituído por mudanças em bloco, mas pontuais, ocasionando uma tão vertiginosa flutuação na realidade externa que se coloca em xeque mesmo a representação interna.

Hélio tem de internamente estar sobrepondo incessantemente representações. Onde era a casa de Rosana agora há um supermercado, as ruas também mudaram, já a calçada onde se sentavam continua da mesma forma apenas um pouco mais deteriorada, o bar do pai de um amigo também permanece praticamente o mesmo. Quer dizer, além de sobrepor deve também equacionar novas configurações, já que o tempo todo tem de assimilar o novo ao velho, o que era novo dando lugar posteriormente ao mais novo e o velho desaparecendo completamente.

Enfim, quando se sentava a ouvir as conversas da família, o que realmente lhe chegava aos ouvidos era a tentativa de uma reconstituição histórica, uma escavação emocional no palimpsesto familiar. Escutava, por exemplo, a mãe falando para a tia: "Lembra do seu João do açougue, onde agora é a casa de materiais de construção, que se casou com a Maria da lojinha, onde agora é a farmácia?". Na metrópole, Hélio tem, o tempo todo, de se adaptar a essa realidade cambiante.

Simmel nos fala de um tipo de homem metropolitano, fruto da sociedade moderna, que teria por característica o desenvolvimento de uma espécie de capacidade de adaptação à mudança, a seu ver:

A base psicológica do tipo metropolitano de individualidade consiste na *intensi-*

ficação dos estímulos nervosos, o que resulta da alternação brusca e ininterrupta entre estímulos exteriores e interiores. (Simmel: 1979)

E completa, acrescentando que:

> O homem é uma criatura que procede a diferenciações. Sua mente é estimulada pela diferença entre a impressão de um dado momento e a que a precedeu... (Idem, ibidem).

O que aparentemente teria acontecido com Hélio ao receber o diagnóstico médico? Teria perdido a capacidade de processar internamente a mudança de suas representações ou de perceber coerência nelas, ou quem sabe desistido das mudanças e se apegado a possíveis leituras anteriores no pergaminho de sua memória, palimpsesto subjetivo?

Essas mudanças no concreto se dão também no tempo. Tempo esse que contemporaneamente adquiriu uma alta velocidade a ponto de tornarem fugazes as próprias representações, que se alternam e se sobrepõem, tornando imprecisas aquelas bases psicológicas às quais se refere Simmel.

Ora, a espacialidade inconstante está em relação direta com uma mudança também da temporalidade. Uma subjetividade moderna está necessariamente constituída pelo imbricamento dessas duas instâncias (espaço-tempo) que interdependem.

As realidades não garantem mais nenhum tipo de estabilidade; o plural é por conta das configurações sucessivas e simultâneas que proporcionam essa visão cambiante do que seja o real.

Nesse palimpsesto subjetivo/objetivo, poder-se-ia dizer com Hall (1998: 17) que:

> O *eu* é concebido como mais fragmentado e incompleto, composto de múltiplos *eus* ou identidades em relação aos diferentes mundos sociais que habitamos, alguns com uma história *produzida*, em processo. O *sujeito* é diferentemente colocado ou *posicionado* por variados discursos e práticas" (grifos do autor).

Essa fragmentação do eu que se compõe de várias identidades, no caso de Hélio, chegaria ao paroxismo, conquanto teve ele de lidar não apenas com as mudanças ou posicionamentos pressupostos na metrópole, mas com a variante de ser ele um migrante, quer dizer, além das constantes mudanças no tempo em que viveu na metrópole, Hélio teve de lidar com a mudança cidade/metrópole.

Dessa maneira, a noção de palimpsesto, no caso de Hélio, pode ser pensada não apenas nas constantes sobreposições de representações das casas — sua e dos amigos —, das ruas etc., mas internamente Hélio teve de lidar com a sobreposição de um determinado tipo de constituição de cidade a outro. Essa conformação não ocorre sem um certo ônus, pois, como até os nove anos Hélio se desenvolvera em uma cidade pequena, sua representação interna de mundo se deu sobre uma realidade não tão cambiante quanto aquela da metrópole.

Ele, de certa maneira, internalizou todo um *modus vivendi* característico de uma cidade pequena, ou seja, seu corpo estava "impregnado" de uma espacialidade e temporalidade típicas dessa cidade.

No contato com a metrópole, teve de assimilar e, obviamente, se "posicionar" em determinadas situações, excessivas, e de determinadas maneiras distintas e por que não dizer mesmo opostas àquelas as quais estava acostumado — ou melhor, que lhe estavam encravadas no corpo e na mente — na cidade pequena.

Capítulo 3

Hélio visto por Simmel, Drummond et alii

Cidadezinha

Casas entre bananeiras
Mulheres entre laranjeiras
Pomar amor cantar.

Um homem vai devagar
Um cachorro vai devagar
Um burro vai devagar

Devagar ... as janelas olham
Eta vida besta, meu Deus.

(Drummond, 1967: 167)

Retratos de subjetivação

A análise do poema de Drummond relacionando-o principalmente com o texto de Simmel nos proporcionará uma forma de entendimento da relação campo/cidade pequena-metrópole. Nesse sentido, podemos pensar como poderia ter se dado a migração de Hélio em relação, por exemplo, à superexposição aos estímulos ou à temporalidade — apresentando a temporalidade da cidadezinha de Drummond e a da metrópole explicitada por Simmel —, bem como, ao se falar de tempo, se dá um ritmo em uma cidade pequena e em uma metrópole.

Enfim, a confrontação/diálogo dos textos aqui apresentados tem como escopo uma aproximação da problemática do tempo e do ritmo na subjetivação de nosso personagem/tipo: Hélio.

Na cidadezinha uma determinada temporalidade como que impregna o corpo e a percepção de mundo de Hélio: seu andar, falar, correr etc. estão tomados dessa temporalidade; ao passo que na migração Hélio, ao entrar em contato com uma nova realidade, deve como que desenvolver uma nova percepção do tempo, tem de se vestir de uma nova temporalidade.

Vamos, pois, à análise do poema.

O título do poema de Drummond nos aponta, de início, para o que será exemplarmente retratado nos versos que se lhe seguirão.

Nos dois primeiros versos, o poeta como que fotografa as imagens. Fazendo uso basicamente de substantivos, ele descreve imagens estáticas, dando a idéia de um cenário, onde eventualmente possam se desenrolar ações que, como se pode perceber, não entram repentinamente no poema ou na imagem, porém imiscuem-se muito lentamente, como podemos notar no terceiro verso em que o autor faz uso de dois substantivos e o início do que se poderia chamar de ação quando nos apresenta, na terceira palavra, um verbo, *cantar*.

Voltando aos dois substantivos anteriores, percebemos que não são de um mesmo tipo: o primeiro, *pomar*, é concreto, dando a idéia de uma certa fixidez; já o segundo, *amor*, é abstrato, afrouxando assim a sensação anterior.

O verbo a seguir, *cantar*, leva-nos a pensar numa certa gradação do extremamente denso para o fluido, o movimento se inicia lentamente, como se se projetasse sutilmente da rigidez, do que está parado, do fixo.

O autor optou não por outro, mas por *cantar*, que, de certa maneira, sempre foi o lugar do poeta: cantar a vida, as idéias, as imagens e, como as sereias, seduzir com seu canto.

Podemos pensar, também, que o poeta, ao introduzir o canto, a música, introduz também o ritmo, pois que não há canto, nem poesia, sem ritmo, que é uma de suas partes essenciais.

Retratos de subjetivação

Pois bem, instaurado o movimento, por meio inicialmente de um verbo, os versos da segunda estrofe levam adiante esse movimento, porém — como que quebrando a força do movimento que poderia ser iniciado por um primeiro verbo — o autor deixa claro por intermédio de um advérbio (*ad*=junto; *verbio*=verbo), e não qualquer advérbio, mas *devagar*, o passo ou andamento do tempo que envolve a "Cidadezinha".

Como o tempo vai devagar. Nesse tempo os viventes ou quem ou o que quer que ali se movimente vai nesse passo, tal ritmo impregna os seres sem distinção de espécie.

Todos os que estiverem sob esse tempo encarnam-no a ponto de se fazerem reconhecidos e se reconhecerem nesse devagar.

O penúltimo verso, ao se iniciar pelo advérbio, entoando a toada do devagar, aponta não apenas a lentidão do tempo, mas a continuidade, a infinitude, o sempre, que as reticências perpetuam.

Por fim, no último verso, a explosão de tédio ou desespero do poeta pelo reticente do movimento, pela circularidade do tempo, pelo previsível sempre.

Como o ritmo do poema, que caminha lentamente, assim também é o ritmo das cidades pequenas, da cidade de onde Hélio saiu, onde esse ritmo era dado pelos movimentos quase que previsíveis do andar de uma carroça, pelas badaladas do sino da igreja — ouvido em toda a parte —, pela intermitência do cantar dos galos, que, àquela hora, tinham por função acordar a cidade, tecendo a manhã. Cidade em que o tempo gira em torno de si, e em que:

> ... o ritmo da vida e do conjunto sensorial de imagens mentais flui mais lentamente, de modo mais habitual e mais uniforme. (Simmel, 1979: 12)

Dessa maneira Simmel põe em teoria a prática de Hélio e a poesia de Drummond.

Como penetra o poema, a vida e a teoria, falemos um pouco mais desse ritmo. Que parece ser fundamental já que de certa maneira Hélio, como num palimpsesto, sobrepôs o ritmo da "cidadezinha" ao da metrópole, com tudo o que isso acarreta de transtornos, como todo ajuste apressado, imprevisível, repentino.

Acerca do ritmo e da subjetividade

Acreditamos que o ritmo seja constitutivo na estruturação da subjetividade, já que, de uma forma ou de outra, o homem sempre está submetido, ou me-

Retratos de subjetivação

lhor, informado pela moldura do ritmo, desde a batida do coração até sua forma de se mover no mundo, pois que o próprio corpo é envolvido por esse ritmo que, de certa maneira, promove um determinado estar no mundo.

Pois bem, desde Demócrito a noção de *rhythmós* está vinculada ao *skhema*, ou seja, à forma. Porém ao se considerar:

> *(...) skhema* e *rhythmós*, o primeiro define a forma fixa realizada, e o segundo indica o movimento em que a forma é móvel, fluida, imprevista e modificável. (Einaudi, 1993)

Interessa-nos, por ora, esse caráter de mobilidade constitutivo das coisas e da passagem entre elas.

Se pudermos pensar uma forma da subjetividade como constituída por uma espécie de objetividade introjetada e rearranjada segundo estruturações prévias e resultantes de outros rearranjos num processo permanente, podemos pensar também que esse rearranjo se dá no tempo e poder-se-ia imaginar que seu *entre* é caracterizado pelo ritmo.

Esse entre que considero como ritmo, entenda-se bem, não é apenas o entre, mas a somatória de eventos mais esse entre, já que a continuidade não é rítmica.

Assim, o tempo não é dado, mas construído. Nesse sentido, a construção desse tempo se dará na relação dinâmica entre o que no momento poderíamos denominar objetivo-subjetivo, mais objetivo-objetivo, mais subjetivo dado-subjetivo novo, mais subjetivo objetivado, mais objetivo subjetivado e assim numa ordem infinita de relações que estabelecem o que poderíamos chamar de uma constituição orgânica (e rítmica) do organismo.

> Cada organismo apresenta uma multiplicidade de processos rítmicos, cujos ciclos são de duração diferente: tanto mais o organismo é organizado, tanto mais complexa é a estrutura dos seus ritmos. (Einaudi, 1993: 94)

Ora, esses ciclos de duração diferentes, caracterizados pela multiplicidade rítmica, são algo como a costura dos eventos subjetivos e, ao mesmo tempo, o que permite ver o indivíduo como unidade subjetiva. Ou seja:

> O princípio da *continuidade rítmica* é a base da unidade orgânica que dá permanência aos corpos vivos... (Langer, 1980: 134)

Retratos de subjetivação

Esse ritmo, visto como unificador e característico da subjetividade, pode ser caracterizado pelas tensões proporcionadas pelos fenômenos (eventos), pois:

> (...) os fenômenos que preenchem o tempo são *tensões* — físicas, emocionais ou intelectuais. O tempo existe para nós porque sofremos tensões e suas soluções. (Langer, 1980: 119-120)

Nesse ponto, podemos relembrar a noção de pulsão elaborada por Freud em que:

> (...) uma pulsão tem sua fonte numa excitação corporal (estado de tensão); o seu alvo é suprimir o estado de tensão que reina na fonte pulsional; é no objeto ou graças a ele que a pulsão pode atingir seu alvo. (Laplanche & Pontalis, 1988: 506)

Pois bem, nessas duas concepções vemos a mão dupla suscitada pela tensão que é tanto externa (fenomênica) quanto interna (pulsional). Penso que a relação entre elas não seja de causa-efeito senão de suplementaridade, assimilação, transformação, e mesmo de produção do novo, que é a solução suscitadora de outra tensão, e assim sucessivamente, e a costura-ritmo dessas inter-relações como já disse é o que nos dá a noção de unidade. Langer (1980) a esse respeito esclarece que:

> (...) toda auto-reparação dos corpos vivos baseia-se no fato de que a exaustão de um processo vital sempre estimula uma ação corretiva que, por sua vez, se exaure na criação de condições que exigem novo dispêndio.

Nesse sentido, sobre a assimilação Nietzsche poderia sugerir:

> ... que a força do Espírito ao aproximar-se de uma coisa desconhecida termina pela assimilação do novo ao velho, pela simplificação do complexo, pelo ultrapassar ou afastar o absolutamente contraditório. (Einaudi, 1993: 97)

Assim, numa perspectiva dialética, talvez pudéssemos entender o que aponta Nietzsche que a solução da tensão gerada pelo encontro do velho com o novo é o motor para, quem sabe, uma nova contradição que pediria outra resolução, processo também infindável (e estruturante?).

Retratos de subjetivação

Essa concepção rítmica é corroborada por Simmel quando este fala da intensificação, por exemplo, nas metrópoles, dos "estímulos nervosos, que resulta da alteração brusca e ininterrupta entre estímulos exteriores e interiores", o que vai, a seu ver, instituir o que ele chama de o tipo metropolitano de homem.

Pois bem, introjetamos os eventos, ou melhor, introjetamos os eventos mais a relação entre esses eventos. Relação essa estabelecida pelos nossos sentidos sobre a base do movimento, que é a tentativa da resolução interna de tensões (pulsão) geradas pela necessidade de equilíbrio, que é inalcançável, pois que a solução final equivaleria à cessação do movimento e conseqüentemente à morte.

Projetamos essa resolução que agora já é o evento revisto e equacionado sob novas relações, o qual ao alcançar um suposto equilíbrio já traz potencialmente uma nova tensão.

A essência do ritmo é a preparação de um novo evento pelo término de um evento anterior. (Langer, 1980: 133)

Nesse sentido, pode-se perceber que Langer concorda com Simmel (1979: 12) quando este diz que:

O homem é uma criatura que procede a diferenciações. Sua mente é estimulada pela diferença entre a impressão de um dado momento e a que a precedeu.

Ora, segundo esse autor nas cidades pequenas se está submetido a impressões pouco mutáveis, mais permanentes; portanto, esse homem acaba por "gastar menos consciência" e assim seus "relacionamentos (são) profundamente mais sentidos e emocionais" já que se "enraízam nas camadas mais inconscientes do psiquismo e crescem sem grande dificuldade ao ritmo constante da aquisição ininterrupta de hábitos".

Tais hábitos em geral estão calcados na constância de impressões, de movimentos, eventos dados por uma realidade que mantém um alto grau de permanência em sua estruturação, em que o novo se insere de maneira muito devagar não causando assim um impacto tão significativo na psique dos habitantes dessas cidades pequenas.

A noção de ritmo, não se deve esquecer, é essencialmente subjetiva, apesar das manifestações externas tais como as marés, as alternâncias entre dia e noite, entre as estações etc. Os ritmos naturais são apreendidos pelos nossos sentidos, ou melhor, a nossa percepção é que imprime, para nós mesmos e não na natureza, a noção de ritmo.

Ora, se se vive, pois, na "Cidadezinha" drummondiana, tal como Hélio num primeiro momento de sua vida, a percepção do ritmo é a percepção não apenas da lentidão percebida, mas também da vivida. Assim como o lago de narciso não reflete somente a imagem do deus grego, mas também todo o ambiente que o circunda, o tempo que se observa absorve da mesma forma o observador.

Quando, "Devagar... as janelas olham", além do movimento implícito, também nos é apresentada a falta de liberdade característica das cidades pequenas, como propõe Simmel ao falar dos círculos pequenos (aldeias, vilas, cidades etc.) que têm de ser fechados e não permitem o diferente sob perda da segurança de sua constituição interna.

O ser fechado garantia a manutenção das características estabelecidas da organização e do funcionamento do grupo, já que os indivíduos "cuidavam" para que se cumprissem as regras estabelecidas.

Dessa forma, cada pessoa nesse círculo pequeno era guardiã do cumprimento do que se instituiu e, ao mesmo tempo, era "olhada" pelas janelas de seu círculo.

Já com a ampliação desses círculos (o que vai se dar com as cidades grandes), dificulta-se a vigilância e conseqüentemente aumenta-se a sensação de liberdade que se experimenta nas metrópoles, onde não é mais tão fácil ser "olhado pelas janelas", já que

> (...) à medida que o grupo cresce (...) a unidade (...) interna do grupo se afrouxa e (...) o indivíduo ganha liberdade de movimento... (Simmel 1979: 18-19)

Em cidades pequenas há um ditado que diz que as janelas têm olhos e as paredes têm ouvidos. Assim, esse ver, ouvir, "cuidar" das cidades pequenas são quase que impossíveis nas cidades grandes, onde, como já se disse, vive-se livre dos olhos das janelas e dos ouvidos das paredes que não conseguem mais "cuidar da vida alheia".

Essa liberdade, segundo Simmel, oculta na realidade uma atitude de reserva que não passa de uma espécie de indiferença para com os indivíduos, pois que:

> Se houvesse, em resposta aos contínuos contatos externos com inúmeras pessoas, tantas reações interiores quanto as da cidade pequena, onde se conhece quase todo mundo que se encontra e onde se tem uma relação positiva com quase todos, a pessoa ficaria completamente atomizada internamente e chegaria a um estado psíquico inimaginável. (1979: 17)

Retratos de subjetivação

Então, como que para se autopreservar, o indivíduo acaba por reagir à constante exposição aos outros com essa aparente atitude de indiferença que, às vezes, chega a ser mesmo uma espécie de aversão, de antipatia.

Podemos imaginar o impacto que essa reserva teria causado em Hélio, que estava acostumado a reconhecer e cumprimentar a quase todos com quem encontrava pelas ruas de sua cidadezinha e, posteriormente, na metrópole passou a circular entre não apenas desconhecidos, mas pessoas que pareciam fazer questão de nem ao menos lhe dirigir um olhar.

Como, para caracterizar a reserva, Simmel fala da superexposição aos outros indivíduos, para caracterizar o que chama de atitude *blasé* ele nos diz da superexposição aos estímulos que o homem da metrópole sofre.

Essa intensidade de exposição aos estímulos é apreendida pelo intelecto, que segundo ele é o órgão mais afeito às rápidas mudanças, porém ao se submeter constantemente a esses "estímulos contrastantes" ele acaba por não mais reagir.

A essência da atitude *blasé* consiste no embotamento do poder de discriminar. Isso não significa que os objetos não sejam percebidos (...), mas antes que os significados e valores diferencias das coisas, e daí as próprias coisas, são experimentados como destituídos de substância. Elas aparecem à pessoa *blasé* num tom uniformemente plano e fosco... (Simmel, 1979: 16)

Dessa forma, Simmel faz equivaler esse tipo de manifestação especificamente relativa à metrópole com outra, que julga também lhe ser característica, que é da economia monetária, a qual acaba por reduzir tudo ao "quanto" tornando assim como algo prosaico o lidar com homens e coisas. Se não há diferenciação, se tudo se equivale, no valor monetário, dessa forma:

O dinheiro se refere unicamente ao que é comum a tudo: ele pergunta pelo valor de troca, reduz toda qualidade e individualidade à questão do quanto. (1979: 13)

Essa supervalorização da quantidade em detrimento da qualidade foi, de certa maneira, o que ocasionou, como vimos, a impossibilidade da permanência de Hélio na metrópole e a necessidade da ida para o pequeno sítio, ao qual já nos referimos, onde reata com uma temporalidade regida por ciclos e por um ritmo como o da "Cidadezinha" de Drummond.

Retratos de subjetivação

Raduan Nassar, em *Lavoura arcaica,* nos oferece um capítulo — pequeno na extensão, porém imenso na intenção — que retrata de forma exemplar o significado desse ciclo para quem vive em cidades pequenas ou no campo:

> A terra, o trigo, o pão, a mesa, a família (a terra); existe neste ciclo, dizia o pai nos seus sermões, amor, trabalho, tempo. (1997: 183)

Nesse exemplo, podemos perceber a substituição da quantidade pela qualidade — a relação com a produção não é apenas para o consumo em larga escala visando tão-somente o lucro, mas há toda uma valoração em cada etapa e em todo o processo —, o movimento e a duração inerentes ao campo/cidade pequena, o aprofundamento tanto nas relações com a realidade externa quanto com as interpessoais e mesmo uma certeza e inevitabilidade dos eventos, ou dos estímulos, aos quais se está exposto.

Hélio via seu pai plantar, esperar o tempo necessário ao crescimento e amadurecimento da plantação e podia perceber todo um ciclo, da semente ao fruto, que conferia a todo o processo, bem como ao resultado desse processo (o fruto), um valor e sentido do qual ele não poderia compartilhar se apenas chegasse a um hipermercado e pegasse o fruto já previamente preparado para o consumo.

Há, enfim, uma lógica nesse ciclo, pautada pelo tempo da produção do dia-a-dia e do aprofundamento das relações.

Conclusão

Scheherazade dá o mote

"... Uma história emenda uma outra ...", assim como Scheherazade, "a quem em qualquer ponto de suas histórias ocorre uma nova".

Assim também caminhamos, neste texto — com nosso personagem/tipo — por algumas teorias, e poderíamos continuar caminhando indefinidamente enquanto a cada ponto ocorresse uma nova história, ou melhor um novo tema, já que as possibilidades são inúmeras.

Porém, restringimos nossos passos apenas a algumas, que julgamos bastante representativas do que se poderia chamar processo de subjetivação de um migrante que sai do campo/cidade pequena e vai para uma metrópole.

O personagem/tipo muitas vezes apenas mostra a face em algumas partes, mas a intenção foi fazer com que, nesses momentos, algumas análises teóricas como que o transportassem implicitamente em seu desenvolvimento. A personagem às vezes seguia os passos da teoria e noutras dava-se o contrário, mas não seria isso uma espécie de diálogo?

Os temas-retratos preparam o ambiente, estabelecem o clima no qual Hélio caminha e à Benjamin por vezes se perde ou se deixa perder.

Inicia sua história numa desestruturação interna, chegando a regredir a estágios primitivos, tanto em relação a seu desenvolvimento quanto em relação à história das cidades, já que supostamente passeia por elas em seus diversos períodos e acaba por voltar a construir casas primitivas no sítio em que foi morar.

Vê, no período vivido na metrópole, suas referências concretas da realidade se sucederem num constrói/desconstrói infindo, obrigando-o a um "exercício" constante de auto-estruturação, tornando frouxas suas certezas mais firmes.

O ritmo vivido na cidade pequena, moroso, tranqüilo, por vezes mesmo tedioso — "Devagar ... Eta vida besta, meu Deus." —, teve de dar lugar àquele experienciado na metrópole, alucinante, vertiginoso, dando-lhe muitas vezes a sensação de irrealidade.

Na intensidade da metrópole perde a noção da unidade dos processos de produção — aprendidos na observação dos ciclos da natureza, "há hora de plantar e hora de colher..." —, e se fragmenta da mesma maneira como se fragmentaram esses processos. O que Hélio não sabia é que era um personagem/tipo e como ele outros Hélios tiveram de ou tentaram se adaptar às situações novas que a migração como que colocou à sua frente. Alguns conseguiram um mínimo de equilíbrio interno, que propiciou o prosseguimento da vida, outros estagnaram e outros ainda regrediram, como Hélio.

Estrangeiros, esses Hélios não têm passaporte, carregam como que uma clandestinidade interior e buscam constantemente um porto que lhes assegure um mínimo de estabilidade. Nem sempre o encontram e perambulam entre realidades cambiantes e muitas vezes fugidias.

Enfim, uma história se emenda a uma outra que, por sua vez, se insere em outra, que se desdobra numa seguinte, que num ponto dessa suscita uma outra, que... que... que...

Bibliografia Consultada

ANDRADE, C. D. *Obra Completa*. Rio de Janeiro, Aguilar, 1967.

AUGÉ, M. *Não-lugares: Introdução a uma antropologia da supermodernidade*. Campinas, Papirus, 1994.

BENJAMIN, W. "O narrador". In: *Benjamin, Habermas, Horkheimer, Adorno*. São Paulo, Abril Cultural, 1983. (Col. Os pensadores)

BERMAN, M. *Tudo o que é sólido desmancha no ar*. São Paulo, Companhia das Letras, 1989.

CANEVACCI, M. *A cidade polifônica: ensaio sobre a antropologia da comunicação urbana*. 2. ed. São Paulo, Studio Nobel, 1977.

HOUAISS, A. *Dicionário Huaiss da Língua Portuguesa*. São Paulo, Objetiva, 2001.

DURHAN, E. R. *A caminho da cidade*. 2. ed., São Paulo, Perspectiva, 1978. (Col. Debates)

ELIAS, N. A sociedade dos indivíduos. Rio de Janeiro, Jorge Zahar, 1994.

ENCICLOPÉDIA Einaudi. Oral/escrito, vol. 11. Imprensa Nacional – Casa da Moeda, 1993.

FERREIRA, A. B. de H. Novo dicionário Aurélio da Língua Portuguesa. Rio de Janeiro, Nova Fronteira, 1975.

FIGUEIREDO, L. C. M. A invenção do psicológico: quatro séculos de subjetivação, 1500-1900. 3 ed. São Paulo, Escuta/Educ, 1996.

FURTADO, O. e Rey, F. L. G. Por uma epistemologia da subjetividade: um debate entre a teoria sócio-histórica e a teoria das representações. São Paulo, Casa do Psicólogo, 2002.

GIDDENS, A. As conseqüências da modernidade. São Paulo, Unesp, 1991.

_____. A constituição da sociedade. São Paulo, Martins Fontes, 1989. (Col. Ensino Superior)

HALL, S. "O significado dos Novos Tempos." Margem, v. 7, p. 13-29, agosto de 1998.

LANGER, S. K. Sentimento e forma. São Paulo, Perspectiva, 1980. (Col. Estudos)

LANGER, S. K. *Filosofia em nova chave*. São Paulo, Perspectiva, s/d (Col. Estudos)

LE GOFF, J. *Por amor às cidades*. São Paulo, Editora Unesp, 1988.

MAGALHÃES, M. C. R. (org.) *Na sombra da cidade*. São Paulo, Escuta, 1995. (Col. Ensaios)

MARX, K & ENGELS, F. *A ideologia alemã*. 2 vols. Lisboa, Presença; São Paulo, Martins Fontes, s/d.

MUMFORD, L. *A cidade na História: suas origens, transformações e perspectivas*. São Paulo, Martins Fontes, 1998.

NASSAR, R. *Lavoura Arcaica*. 3. ed. São Paulo, Companhia das Letras, 1997.

ROSSI, A. *A arquitetura da cidade*. São Paulo, Martins Fontes, 1998.

SIMMEL, G. "A metrópole e a vida mental". In: VELHO, O. G. *O fenômeno urbano*. Rio de Janeiro, Zahar Editores, 1979.

VELHO, O. G. *O fenômeno urbano*. Rio de Janeiro, Zahar Editores, 1979.

WILLIAMS, R. *O campo e a cidade: Na História e na literatura*. São Paulo, Companhia das Letras, 1990.